꿈꾸는 자는 외롭지 않다

상고대 피던 날_강형미

꿈꾸는 자는 외롭지 않다

글/김문주

서문

거리에서 어린 아이에게 늙은이가 다가서면
아이가 울면서 도망간다.
단순히 늙은 얼굴이 보기 싫은 것이다.

길거리를 걷다가 유리창에 비치는 내 얼굴의
표정을 보면 그 아이처럼 행동하고 싶다.
구겨지고 경직된 얼굴이 이때껏 살아온 결과라면
지난날들이 불현듯 서글프다.
아무래도 더 많이 웃고 더 느슨해져야겠다.
모름지기 시인은 시를 써야 하겠지만
시 쓰기도 계획도 일도 모두 내려놓고 싶다.

시집을 출간하면 저자는 으레 말미에 타인의
해설문을 붙인다. 나는 시집에 타인의 해설을
굳이 붙여야하는지 매번 의문이 든다.
독자가 시를 읽고 독자 나름대로 해석하고
느끼는 것이 더 나을 것이라 생각되어서
그 틀을 벗어나 타인의 해설을 생략하였다.

내 영혼의 향기와 사랑과 진리를 깨달으면서
쉽게 쓰여 진 이 시집을 손에 쥔 독자들과
한 편의 시를 찻잔에 띄우고 이야기하고 싶다.

2020. 늦여름에
혜민원에서 김문주

목차

서문 _04

제1장 행복이란

꿈을 꿔요 _12

행복이란 (1) _14

행복이란 (2) _16

사랑이란 (1) _18

정해진 때 _20

헛되다 (1) _23

헛되다 (2) _24

사람의 본심 _26

행동하는 양심 _28

좋은 사람을 만나면 _30

빈 수레 _32

떼거리 _34

말 말 말 _36

신발 끈을 조이고 _39

가련한 여인 _40

미 소(微笑)는 _42

참 사랑이란 _44

노년기는 _46

정을 주면 _49

친구와 우정 _50

친구란 _52

제2장 뿌린 대로 거둔다

초심을 잃으면 _56

이렇게 말한다면 _58

마음을 비우면 _60

분별력과 판단력 _62

동무들이여 _64

사랑의 주체 _66

그런 사람 _69

웃 음 (1) _71

웃 음 (2) _72

감사하는 마음 _74

구 걸 인 _78

스포츠와 운동 _78

빈 틈 _80

코로나 19 _82

거리두기 _84

우한 폐렴 _86

뿌린 대로 거둔다 _88

헛되다 (3) _90

사랑이란 (2) _92

위로의 말 _94

마음이 통하면 _96

황혼에 우는 새 _98

제3장 : 황혼이 이래서야

시간에 대하여 _102

세상 이치 (1) _104

세상 이치 (2) _106

이별에 대하여 _108

한정된 시간 _110

이혼에 대하여 _112

황혼이 이래서야 _114

부부간에 다른 점 _116

지병(持病) _118

괴로움 _121

서귀포에서 _122

시한폭탄 _124

병자랑은 금물이라니 _126

소중한 당신 _128

이는 누구입니까 _130

자유와 평화를 _131

마음을 다스리지 못한 자 _132

제게 이렇게 _135

혼자한 기도 _138

두 번째 하는 기도 _138

귀 찮 으 냐 _140

세 번째 하는 기도 _142

1.

행복이란

꿈을 꿔요 · 행복이란 (1) · 행복이란 (2) · 사랑이란 (1)

정해진 때 · 헛되다 (1) · 헛되다 (2) · 사람의 본심

행동하는 양심 · 좋은 사람을 만나면 · 빈 수레

떼거리 · 말 말 말 · 신발 끈을 조이고 · 가련한 여인

미 소(微笑)는 · 참 사랑이란 · 노년기는

정을 주면 · 친구와 우정 · 친구란

꿈을 꿔요

움직이는 동물 중에 오직 인간만이
많은 꿈을 꿉니다.
수면 중에 꾸는 꿈도 있긴 하지만
이보다는
마음으로 장래 어떤 것을 염원하는 꿈
그런 꿈이 아름답습니다.

코알라는 밤낮으로 잠을 자도 꿈을
꾸지 못하지만 사람은 그와 다릅니다.

젊어서는 웅대한 꿈. 부푼 꿈. 허황된 꿈.
입신양명의 꿈. 허무맹랑한 꿈을 꿉니다.

늙어서는 꿈이 사라지고 좌절과 낙담으로
마치 물에 젖은 종이처럼 풀이 없습니다.

꿈이 없는 삶이란 그 자체가 죽은 삶이요
현실적으로 불행한 삶입니다.

황폐된 삶을 풍요롭게 하는 건 정신입니다.
정신을 가다듬고 또 다른 꿈을 꿔야 합니다.

행복이란 (1)

먹고 싶은 것 먹고
보고 싶은 것 보고
하고 싶은 것을 하는 것은
행복이 아니라 즐거움입니다.

진정한 행복은 자신이,
사랑을 받을 때 행복하고
죄가 덮어 졌을 때 행복하고
좋은 말을 들을 때 행복하고
칭찬을 받을 때 행복하고
잘못을 용서 받을 때 행복하고
좋아하는 일을 할 때 행복합니다.

하지만 가장 큰 행복은
받을 때보다 줄 때가 더 행복합니다.

행복은 돈으로 살 수도 없고
잠시 남에게 빌려줄 수도 없습니다.

행복은 저절로 오는 것이 아니라
자신이 끄집어내려고 노력한 결과이며

자신의 몸을 촛불처럼 태울 때
비로소 얻어지는 진귀한 산물입니다.

행복이란 (2)

사람들은 돈과 명예 이 두 가지가
행복을 좌지우지한다고 믿습니다.

돈이 많고 지위가 높으면
행복할 수 있다고 믿는 게지요.
정말 그럴까요.

단도직입적으로 말해서……
재산은 증가할수록
행복감은 줄어들게 마련이고
지위가 높으면 높을수록
외로움만 가중됩니다.

어리석은 사람들은 행복을
늘 멀리서 찾으려 합니다.
그렇지만 행복은 생각보다
가까운 곳에 있습니다.
그래서

현명한 사람은 자신의 마음속에 행복이
있다고 믿고 먼발치에서 찾지 않습니다.

그리고 행복은 자신이 갖지 못한 것을
허황되게 바라보는 것이 아니라
현재 가진 것으로 즐기는 것입니다.

사랑이란 (1)

사랑의 반대말은
미움과 무관심입니다.

사랑을 모르고
무미건조한 삶을 사는 사람은
인생에서 가장 소중한 것을 잃은
불행한 사람입니다.

사랑을 모르는 인생은
행복할 수가 없습니다.

사랑만이 평화와 행복한 삶을
영위하는 밑거름이 되기 때문입니다.

그러기에
누구로부터 사랑 받기를 원한다면
서투르면 서투른 대로 먼저
그에게 의사표현을 해야 합니다.

우회적 표현보다는 진솔하게
마술적 표현보다는 숨김없이
과장된 표현보다는 진실하게……

'앙드레지드'는 "거짓된 모습으로
사랑받는 것보다 참된 모습으로
사랑받지 않는 것이 낫다." 했습니다.

사랑은 겉모양을 보는 것이 아니라
그 사람의 가슴속에 내재되어 있는
속사람을 보기 때문입니다.

정해진 때

신발 끈을 단단히 동여맬 때가 있고
신발 끈을 풀 때가 있듯이
인생은 사는 날 동안

태어날 때가 있고 죽을 때가 있으며
심을 때가 있고 뽑을 때가 있습니다.

울 때가 있고 웃을 때가 있으며
통곡할 때가 있고 춤출 때가 있습니다.

논에 물을 가득 채울 때가 있으며
논에 물을 빼고 비울 때가 있습니다.

사랑할 때가 있고 미워할 때가 있으며
전쟁의 때가 있고 평화의 때가 있습니다.

옷을 찢을 때가 있고 꿰맬 때가 있으며
잠잠할 때가 있고 말할 때가 있습니다.

서로 껴안을 때가 있고
껴안지 말아야 할 때가 있으며
찾을 때가 있고 잃은 것으로 여겨
포기할 때가 있습니다.
이처럼 모든 것에는 때가 있습니다.

사람은 사는 날 동안 먹고 마시고
시집가고 장가가는 모든 일에서
행복과 불행이 공존하고
풍요와 궁핍이 공존하게 됩니다.

헛되다 (1)

사람이 해 아래서
경쟁심 때문에 많은 노력을
쏟아 부어도 헛되고
일을 능숙히 해 내려고
아무리 노력한들 헛되다.

많은 소유물(재산)도
병들어 누리지 못하면 헛되고
사람도 짐승과 같이
결말이 같으니 헛되다.

금을 사랑하는 사람은
금으로 만족하지 못하니 헛되고
재물을 사랑하는 사람은
수입으로 만족하지 못하니

모두가 헛되고 헛되다.
바람을 쫓아다니는 것과 같다.

헛되다 (2)

마음을 깨끗하게 다스리고
손을 결백하게 씻어도 헛되고

말세에 진리를 부정하는 자에게
진리를 말해도 듣지 않으니 헛되다

부모에게 아무리 신경을 많이 쓴들
무관심한 자식의 부모보다 수명이
더 길지 않으니 헛되고

엄청난 세금을 내는 재력가나
세금 한 푼 안내는 건달이나
투표권이 공히 같으니 헛되다

위생관념이 철저한 사람이나
대수롭지 않게 살아가는 사람이나
골고루 전염병에 감염되니 헛되고

많은 재산을 유산으로 받은 사람과
그렇지 못한 사람의 행복지수가
서로 차이가 없으니 이것도 헛되다

평생을 수고하고 근심하며 살아온 자나
주색잡기를 일삼는 자들이 하루 세끼씩
고루 밥을 먹고사니 이것도 헛되다

사람이 평생을 사는 날 동안
이 같이 모든 것이 헛되고 헛되다.

사람의 본심

저녁노을이 아름답게 느껴지는 것은
마음에 평화가 있기 때문입니다.

돈을 모을 자신이 없었을 때에는
꼭 사고 싶었던 명품 가방과 시계를
돈을 많이 모으고 나서는 그것을
살 필요를 느끼지 못하는 건
마음의 여유가 생겼기 때문입니다.

가진 것이 없어도 베풀지 못함을
마음 아파하는 사람은 그 가슴속에
온정이 내재되어있기 때문입니다.

갖지 못함을 투덜거리는 사람은
이해력이 부족하기 때문입니다.

자신의 처지를 불평하는 사람은
탐심이 있기 때문입니다.

시간이 부족하다고 불평하는 사람은
착각에 빠져있기 때문입니다.
하지만
남의 잘못을 용서하는 사람은
자신의 잘못도 뉘우치는 사람입니다.

행동하는 양심

두루미는 갈 길이 멀어도 떠나고
염소는 눈이 쌓여도 산을 오릅니다.

산토끼는 독수리가 있어도 들로 나가고
농부는 가물어도 들에 씨앗을 뿌립니다.

거친 파도가 일더라도
페리호가 사람을 싣고 항해하듯이

우리에게 가야할 길이 있다면
두려워하거나 머뭇거리지 말고 힘차게
그 곳을 향해 나아가야 합니다.

그 길이 험하고 힘들어도
주저앉아 술로 지우려하지 말고
직접 부딪쳐야 합니다.

기회는 기다려주지 않습니다.

행동하지 않는 양심은
이기적이고 비겁한 위선자가 됩니다.

좋은 사람을 만나면

미련한 사람과 대화를 나누면
걸려 넘어지게 되고

지혜로운 사람과 대화를 나누면
향기를 느끼게 되고

거만한 사람과 대화를 나누면
비웃음을 받게 됩니다.

겸손한 사람은 과장이 없고
늘 사실대로 말함으로
그러한 사람과 대화를 나누면
행복이 쌓입니다.
다시 말해서
좋은 사람을 만나면
좋은 일만 생깁니다.

그러나

과신하는 사람과 사귀면
화(禍)를 입게 됩니다.

빈 수레

가득 채워진 깡통은
두들겼을 때 소리가 나지 않고
잘 우그러트려지지도 않습니다.
하지만 빈 깡통은 두들기면
소리가 굉장히 요란합니다.

자동차에 적당량의 짐이 실려지면
승차감도 좋고 안정감이 있습니다.
하지만 빈 자동차는 주행할 때
잡음도 생기고 차체가 흔들리며
승차감이 떨어집니다.

사람도 마찬가지로
학식과 식견을 많이 갖춘 사람은
자신이 잘 아는 척 하지 않습니다.
하지만 조금 아는 사람은 대화에서
주도적 역할을 하려고 합니다.

재물이 많은 사람도
자신이 부자인척 내색하지 않습니다.
하지만 가진 것이 조금 있는 사람이
부자인척 행세를 합니다.

이런 현상은 많이 갖춘 사람에게는
친구도 모여들고 존경을 받지만

그렇지 못한 사람은 친구도 없고
남에게 미움의 대상이 되기 때문에
열등감에 사로잡혀 있기 때문입니다.

떼거리

사자는
하이에나들과 맞서 대항하지 않으며
표범은
개코 원숭이와 대항하지 않습니다.

수리부엉이도 굶주릴망정
까마귀를 먹잇감으로 삼지 않습니다.

이것은 힘이 없어서가 아니라
자신의 지체(肢體)를 보호하기 위해서
그러는 것입니다.

중국정부가 홍콩송환법을 미루는 것도
자신의 정권을 위해서 그러는 것이고

일국의 국가원수가 그 직에서
물러서는 것도 힘이 없어서가 아니라
국민을 위해서 그러는 것입니다.

처처에서 일어나는 떼거리는
그 힘은 늘 발휘합니다.

말 말 말

해버린 말은
모래 위에 쏟아버린 물과 같아서
다시는 주어 담을 수가 없습니다.

생애(生涯)에 있어 말을 할 때 마다
음식을 만들면서 간을 보듯
말하기 전에 먼저 생각해야 합니다.

말을 많이 하는 자는
범과(犯過)가 쌓이게 마련이고
입술을 억제하는 자는 슬기롭습니다.

분별력이 풍부한 자는
한 걸음 한 걸음 심중히 살피고
슬기로운 자는 화내기를 더디 하지만
미련한 자는
과신하여 조급함을 드러내게 마련입니다.

서두르지 말고
두 번을 생각하고 말하는 사람은
평생을 두고두고
값진 인생을 살아갈 수가 있습니다.

신발 끈을 조이고

신발 끈을 동여매고 집을 나서면
아픈 몸도 근심도 한 순간에
날아가도록 가벼워지고

신발 끈을 꽉 죄고 거리로 나서면
싸움에 나서는 용사처럼
힘이 솟구칩니다.

그러나
서부렁한 신발을 신고 나서면
자신감도 힘도 용기도 떨어지고
운동 할 의욕마저 생기지 않습니다.

신발 끈을 단단히 묶는다는 것은
무엇을 시작할 준비를 하는 것과 같습니다.

주저앉는 나라 경제를
꽉 죈 신발같이 질끈 동여맸으면 좋겠습니다.

가련한 여인

오늘 밤에 친한 여인으로부터 카톡이 왔다.
여러 차례 전화를 해도 소식이 없더니
자신의 전화기로 칼라 인물 사진을 넣어서
'덕분에 생이 행복했습니다.'라는 말과 함께
문자를 보내 왔다.
흰색 밀짚모자를 쓰고 환하게 웃는 모습의
사진이 너무 예쁘고 아름다워 보였다.

카톡을 확인하자마자 이렇게 답신을 보냈다.
"앗! 너무 반가워요. 이상한 소식을 들은 적
있어서 여러 차례 전화했는데…… 혜성처럼
나타나시다니…… 코로나19가 잠잠해지면 꼭
한 번 만나요?" 라고 문자를 보냈다.

문자를 보내고 나서 다시 카톡을 들여다보니
보일 듯 말 듯 한 아주 작은 글씨로
이렇게 적혀 있었다.

"고인의 뜻에 따라 장례 절차가 끝난 후에
부고합니다."라는 슬픈 문구가 쓰여 있었다.
살아있을 땐 전화를 해도 받지 않더니 방금
나는 죽은 사람과 서신을 주고받은 셈이다.

하! 처녀라서 추한 모습을 감추려 했을 게다.
처녀는 백 살이 되어도 처녀이니까……

참으로 애석하고 허망한 일이라
한참 동안 사진을 바라보며 상념에 잠겼었다.
얼마 전만 해도 여성 최초 처녀 부행장으로
자리를 근엄하게 지키던 사람이 이토록 쉽게
한 인생의 시계가 멈춰지다니……

삶과 죽음이 자기 자신에게 있지 않다는 것을
실감하는 순간이었다.

미소(微笑)는

웃음은 의성(擬聲)적인 반면에
미소는 소리 없이 웃을 수 있어
때와 장소나 분위기에 지장이 없습니다.

일상생활에서
따뜻한 미소는 다른 사람들에게
효과적인 방법으로 영향을 미칩니다.

엷은 미소는 좋은 친구를 얻을 수 있고
낯선 사람도 끌어당기는 힘이 있습니다.

예쁜 얼굴도 우는 모습은 보기가 싫고
미소 짓는 얼굴은 예뻐 보입니다.

친밀하게 미소를 잘 짓는 사람은
조직에서 승진에 영향을 받을 수 있으며
성공적인 삶을 살 수도 있습니다.

처음 보는 사람이라도 미소로 응대하면
따뜻한 훈기와 친절을 느끼게 되고
의사전달이 훨씬 더 쉬워집니다.

게다가 미소를 잘 짓는 사람은
체내에서 진통제 작용을 하는
엔도르핀이 분비되어 하루하루를
명랑하고 행복하게 보낼 수 있습니다.

참 사랑이란

아가페, 스토르게, 에로스, 필리아,
사랑에는 모두가 육체적, 정신적,
감정적, 형태를 기초로 합니다.

그러므로
사랑은……
참을성 있게 기다려야 하고
온화하고 친절해야 합니다.
모든 것을 믿어야 합니다.
모든 것을 인내해야 합니다.
죄를 덮어주어야 합니다.
오래 지속적이어야 합니다.
식지 않고 영원해야 합니다.

반면에
사랑은……
제 고집대로 하지 말아야 하고
질투하지 말아야 합니다.

자랑하지 말아야 합니다.
성내지 말아야 합니다.
무례하게 처신하지 말아야 합니다.
자신의 이익을 추구하지 말아야 합니다.
해를 입은 것을 기록하지 말아야 합니다.
교만으로 우쭐대지 말아야 합니다.
스스로 의롭다고 뽐내지 말아야 합니다.

노년기는

'솔로몬'이 노년기를 아무 낙이 없는
곤고(困苦)한 날이라고 말한 것처럼,

노년에 이르면
사람은 해가 가면 갈수록
머리는 희어지며 얼굴은 까칠해집니다.

50년 전에 일은 기억에 선명하면서도
어제 먹은 음식은 기억이 안 나고

체모(體毛)는 감소하고 가늘어져서
빗도 헤어드라이어도 필요 없게 되고

낮에는 수시로 꾸벅꾸벅 졸면서도
밤에는 깊은 잠을 이루지 못하고

신장은 줄어들고 주름이 생겨도
이를 막을 방법이 없습니다.

오호통재로다!
외쳐보아도 눈물이 나오지 않고
하품하고 웃을 때만 눈물이 나옵니다.

귀가 안 들리고 눈이 어두워지니
공부는 하지 않아도 되겠지만
이 세상과는 점점 멀어져 갑니다.

살아갈 날이 적어져 갈수록
그냥 건강하고 우아하게 늙고 싶은
한결같은 바램뿐입니다.

정을 주면

꽃병에 물을 주지 않으면
오래가지 않아서 시들고
향기를 낼 수 없습니다.

여러해살이 구절초도 패랭이도
물이 없으면 살 수가 없습니다.

고추, 가지, 참외, 수박도
물이 부족하면 시들고
열매를 맺지 못합니다.

하지만 물이 부족하여 시든 꽃에
물을 주면 오그라들었던 꽃도
다시 살아납니다.

꽃이 시들지 않도록 제때 물을 주듯이
사랑하는 사람에게 정을 주어야
참사랑으로 자라갈 수 있습니다.

친구와 우정

인디언 속담에
'친구란 내 슬픔을 등에 지고 가는 자'
라는 말과 같이……

친구가 보고 싶을 때는
무료(無聊)하여 고독할 때이고

친구를 칭찬해주고 싶을 때는
나의 결점을 질책해줄 때이고

친구를 미워하고 싶을 때는
마음이 점점 변해갈 때이고

친구가 가장 위대해 보였을 때는
꾸어달라는 돈을 거절했을 때이고

친구가 가장 비참해 보일 때는
부모를 공경하지 못하고 살아갈 때이고

친구가 가장 섭섭해졌을 때는
우정의 가치를 깨닫지 못할 때이고

친구가 고마울 때는
내 마음을 알아줄 때이고

친구 때문에 울고 싶을 때는
세상을 떠나 만날 수 없을 때입니다.

하지만
친구는 기쁨을 배로 해주고
슬픔은 반으로 줄여줍니다.

친구란

나이와 취향이 같은 사람을 친구로 사귀겠다면
그것은 내가 제일 좋아하는 색의 옷만
매일 입겠다는 것과 같습니다.
그렇게 좋아하는 색의 옷이라 하더라도
언젠가는 싫증이 날 수도 있습니다.
그러니 나이가 같아야 할 필요는 없는 거구요.

친구란
무엇이든 거리낌 없이 말할 수 있는 사람이고

아무 때나 전화해도 되는 사람이고

말을 귀 기울여 들어주는 사람이고

시간을 함께 보내기를 좋아하는 사람이고

고난을 겪을 때 도움이 되어주는 사람이고

형제보다 더 친밀하게 고착하는 사람이고

어리석은 일을 할 때 질책해주는 사람이고

필요할 때 함께 해주는 사람이고

충성과 우정이 한결같은 사람이고

조언을 해주는 사람이면 진정한 친구입니다.

2.

뿌린 대로 거둔다

초심을 잃으면 · 이렇게 말한다면 · 마음을 비우면

분별력과 판단력 · 동무들이여 · 사랑의 주체

그런 사람 · 웃음 (1) · 웃음 (2) · 감사하는 마음

구 걸 인 · 스포츠와 운동 · 빈 틈 · 코로나 19

거리두기 · 우한 폐렴 · 뿌린 대로 거둔다

헛되다 (3) · 사랑이란 (2) · 위로의 말

마음이 통하면 · 황혼에 우는 새

초심을 잃으면

자유민주주의의 꽃인 선거를 통해
가슴에 맺힌 한을 풀었다고 흥겨워하네.

당선인들은 겉으론 자만하지 않겠다고
교만하지도 않겠다고 큰절도 하고
겸허와 겸손함을 나타내기 시작하네.
하지만
머지않아서 칭찬과 존경을 받게 되면
자신감과 우월감이 야금야금 스며들어
감사의 존재가치 마저 갉아먹게 되고
자신만의 고정관념이 생겨서 결국엔
되돌릴 수 없는 고상한 야만인이 되리

더 깊이 빠지면 자신을 찍어준 사람마저
자신을 알아주지 않는다며 섭섭해 하는
마음까지 생기게 된 다네.
이것이 바로 사람의 속성이라네.

옹(翁)들이시여!
자신도 모르게 교만과 오만으로 정신이
황폐되면 스스로 몰락해지게 마련이니
공인(公人)이 되면 교만한 근성이 싹트지
않도록 부단한 노력을 해야 한다네.

명예는 잠시 보이다가 햇볕에 지워지는
안개와 같고, 권세도 바람에 날리는 겨처럼
날아간다네.

한 순간의 영예와 영광은 영원한 장래를
보장받을 수 없나니 국민을 두려워하지
않고, 초심을 잃으면 고뇌에 찬 얼굴로
눈물만 가득한 때가 온다네.

이렇게 말한다면

왜 돈 벌려고 갖은 고생을 합니까?
어차피 죽을 때 빈손으로 갈 것을....

왜 힘들게 정상에 오르려 합니까?
어차피 다시 내려올 것을 ......

왜 얼굴에 화장품을 바릅니까?
어차피 밤에는 지워야 할 것을 .....

이렇게 말하는 사람에게
왜 당신은 사는가? 어차피 죽을 것을
이렇게 반문하겠습니다.

회의적인 태도로 살아가는 이에게는
이런 조언이 필요합니다.

헛되고 헛될지언정 사는 날까지
남을 믿지도 말고 의존하지도 말고

소중한 시간을 아껴 쓰며 열심히
살아가라고 권하겠습니다.

의지가 약한 사람은 계속 도와주면
의타심만 점점 커지게 마련입니다.

마음을 비우면

사용자가 정하기에 따라
같은 그릇이라도 그 그릇에
물을 넣으면 물 컵이 되고
술을 넣으면 술잔이 됩니다.

그런데
술잔에 술을 가득 채우면
먹기가 불편해 집니다.
하지만 술을 조금만 덜 채우면
들이마시기에 편리해 집니다.
비울수록 여유가 생긴 거지요.

사람도 마찬가지
마음속에 욕망으로 가득 차 있으면
조급증에 빠져 불안해 집니다.
하지만 마음 한 구석을 비워두면
그 만큼 여유가 생기고 행복해 집니다.

그릇의 쓰임새를 각자가 결정하는 것처럼
마음을 비우고 안 비우는 것은
자신이 하기 에 따라서 달라집니다.

분별력과 판단력

M.바이경이라는 사람이 말하기를....
사람들에게 네 가지 성향이 있다고
이같이 말합니다.

무식하면서 무식함을 모르는 자는
바보이니 그를 피하라고 것이고

무식하면서 무식함을 아는 자는
단순하니 가르쳐야 한다고 것이고

유식하면서 유식함을 모르는 자는
잠을 자니 그를 깨워야한다는 것이고

유식하면서 유식함을 아는 자는
현명하니 그를 따르라. 고 했습니다.

사람의 됨됨이를 보면 그 사람의 인격과
수준을 알 수 있다고 하지만

인간관계를 형성하는 과정에서 자기 멋대로
남을 저울질하고 칼질을 할 것이 아니라
정확한 분별력과 판단력이 있어야 합니다.

그 사람의 사상과 이데올로기에 대하여
구체적인 사실 확인도 없이
승려 차림을 했다고 스님이라고 부르고
신부 차림을 했다고 신부님이라고 부른다면
그는 분별력이 여전히 부족한 사람입니다.

동무들이여

65세면 사회학적으로 노인으로 분류되었소.
근데 왜 늙은이로 분류되기를 싫어합니까

육신이 늙는 줄 모르고 마음만 젊어서
그리 행동하면 주책없는 사람으로 분류되오.
겸허하게 받아들일 것은 받아들여야 하오.

위아래 가릴 때만 다가와서 자신이 위라고
나이를 따지지 말고
자신에 대하여 자랑일랑 하지 마소

운동하거나 게임할 때 너무 집착하여
상대방을 꼭 이기려고도 하지 말고
남모르게 일부러 적당히 져주시구려

그러고 상대방의 실수와 허점을 알지만
빈정거리지 말고 모르는척하시고

서툴고 약한 자에게 코웃음 치지 말고
잘하는 점만을 골라서 칭찬하시구려.

다정했던 사람 항상 다정하지 않고
실망하여 당신과 헤어질 수 있으니

조금 아는 것 가지고 자신만 아는 척
잔소리하면 친한 친구도 떠난다오.

늙어가면서
돈은 재산이 아니니 친구를 많이 사귀고
좋은 책을 많이 읽으시구려.

사랑의 주체

사랑은 받는 것이 아니라 하는 것입니다.
"사랑은 자기희생이다." 라는 '톨스토이'의
말도 일견 맞습니다.

그러니까
사랑은 누군가를 이해하고 아끼고
좋아하는 그 주체가 타인이 아니라
자기 자신이라는 걸 알아야 합니다.

사랑은 사랑을 받는 자신에게만
주어진 특권으로 여겨서도 안 됩니다.

어떤 사람이 누군가가로부터
진정한 사랑을 받고 있다면
언젠가는 그에게 갚아야 할 빚이
있다는 걸 알고 있어야 합니다.

사랑은 받을수록 겸손해져야하고

친절함을 나타내야 합니다.

진솔한 사랑을 서로 주고받을 때
조금씩 싹이 트고 무럭무럭 자라서
흐뭇한 향기를 발하게 됩니다.

그런 사람

사소한 게임에도 승부욕이 강한 사람은
우쭐해지려는 마음이 있기 때문입니다.

사람을 사귀면 오래가지 못하는 사람은
돈지갑을 소지하고 다니지 않기 때문입니다.

부부사이에 존중을 받지 못하는 사람은
그가 허점(虛點)이 있기 때문입니다.

남이 말하고 있을 때 끝까지 듣지 못하고
불쑥 끼어드는 사람은 조급증이
있기 때문입니다.

부모와 자식관계가 경색(梗塞)된 가정은
진정한 사랑이 부족하기 때문입니다.

하지만
비이기적이고 충성스러운 사랑이 있으면
허다한 모든 흠도 덮어질 수 있습니다.

웃 음 (1)

웃음은 인간만이 즐기는 특권입니다.

그리하여
웃음은 분노를 누그러뜨리게 하고
웃는 얼굴에는 근심이 없어지게 됩니다.

웃음은 긴장을 풀어주게 하고
웃는 얼굴에는 슬픔이 떠나갑니다.

웃음은 정신을 맑게 해주고
침울했던 기분을 한결 낫게 해줍니다.

한 번의 웃음소리가 그 인생을
유익하게 하고 복되게 만들어줍니다.

그러기에
웃음은 남을 위한 것이 아니고
자신을 위한 명약이 될 수 있습니다.

웃 음 (2)

예전부터 소문만복래(笑門萬福來)라
하여 웃으면 복이 온다고 했습니다.

그러하기에 웃는 얼굴에는
슬픔도, 좌절도, 실패도, 적대감도
노여움도 가난도 없어집니다.

웃으며 생활하는 사람은 기죽지 않고
제 갈 길을 살아갈 수 있습니다.

화난 얼굴은 잘 아는 얼굴이라도
낯 설고 어색합니다.
하지만 웃는 얼굴은 모르는 얼굴이라도
낯 설지 않고 부드럽게 느껴집니다.

상대가 몹시 화가 났을 때에도
그에게 웃음을 보이고 손을 내밀면
잘못을 용서받을 수 있습니다.

살아가면서 웃음이 떠나지 않는 사람은
마음도 넉넉해지고 행복이 따라 붙습니다.

현재 잘 웃는 사람은
미래에도 웃을 수 있습니다.

감사하는 마음

감사하는 마음으로 살아가면 인생이
편안하고 행복이 따라옵니다.
그러기위해서는
욕심을 가라앉히고 욕망을 최대한 줄여야
감사하는 마음이 생겨납니다.

감사하는 마음이 수반되지 않는
예의범절이나 격식은 가시적일뿐입니다.

우리가 다른 사람에게 감사를 표현하면
그 사람이 행복을 느끼게 되고,
다른 사람이 우리에게 감사를 표현하면
우리가 행복해 집니다.

과도한 욕심을 버리고 가벼운 마음가짐으로
살아가는데 있어,
태양이 세상을 밝게 비추려고 해도 구름이
해를 가리면 빛을 낼 수가 없는 것처럼....

살아가면서 욕심이라는 장애물이 있는 한
그 효력을 발휘할 수 없습니다.

겸손한 마음과 감사한 마음이 융합하는데
많은 노동력도 필요로 하지 않습니다.
"적절한 때에 한 말은 은쟁반에 담긴
금사과 같다." 는 것처럼
살아가면서 감사하는 말은 큰 힘이 됩니다.
"감사합니다."
"댕큐"
"아리가또"
"쉐쉐"
"그라찌에"
"당퀘"
"스파시바"

구 걸 인

해외에서 식사하는데 구걸하는
사람이 들어왔다.
이리저리 구걸을 하는데 돈을 주는
사람도 있고 안 주는 사람도 있었다.

내게 오면 주려고 1불을 준비하려는
순간 옆자리에 있는 일행이 말하기를

"저네들 돈을 주면 버릇이 나빠져요
주지 마세요." 했다. 그렇지만 주었다.

왜 외국인까지 버릇을 고쳐주려고
하는지 되묻고 싶었다.
그의 사정을 알지도 못하면서……

설령 그 사람이 부자이면 어떤가
살려는 사람 어깨를 도닥여주면 어떤가
향후에 그가 갑부가 되면 어떤가

스포츠와 운동

청소년과 기성세대가 배드민턴을 하면
스포츠를 한다고 말한다.
그러나 노인들이 모여서 배드민턴을 하면
그냥 운동을 하는 거라고 한다.

더러는 노인들이 젊었던 시절을 떠올려
배드민턴을 하면서(인. 아웃. 세임.)
서로 자기주장이 맞다. 고 고집한다.
때론 고함을 지르고, 운동을 중단하고
때론 화난 얼굴로 험한 분위기를 조성한다.

돈내기 하는 것도 아니고 오락을 즐기면서
또 우열반을 결정하는 것도 아닌데.......

물러서지 못하고 승부욕이 강한 사람은
젊어서 자신이 마음 한 구석에 열등감에
빠져있었기 때문이요.
우쭐해지려는 정신에서 벗어나지 못하여

그러한 행동을 하는 거지요.

상대방의 주장을 눈감아 주는 아량을
나타내면 마침내 공경을 받게 될 텐데.

사소한 일에 마음을 다스리지 못하면
자신의 건강에도 매우 해롭고
사회공동체 생활에서 배척당할 텐데……

* 사회법에서 65세를 노인으로 분류함.

빈 틈

틈이란 일상생활에서
필수불가결한 요소입니다.

부부사이는 틈이 생기면 안 되지만
온 누리를 살아가려면 틈이 있어야 합니다.

틈이 없으면 공기가 들어올 수 없고
숨이 막혀서 죽을 수밖에 없습니다.

쉴 틈 없이 일하면 건강을 해치고
틈이 있어야 쉬고 즐길 수 있습니다.

초청장을 받고도 발 디딜 틈이 없으면
비집고 들어갈 수가 없습니다.

사람의 성향도 마찬가지로 빈틈이 없는
성격자라면 그가 높은 식견을 갖추었다 해도
소견머리가 좁아 보이고 쫀쫀하여

괜히 상대하기가 싫어지게 됩니다.

그러나 여유로운 사람에게는 사람들이
모여들어 풍요롭게 살아가게 됩니다.

코로나 19

딩동, 딩동…

누구세요?

수도 검침원입니다.

왜 그러시는데요?

수도 요금이 많이 나와서요.
식구가 많이 늘었나 봐요.

아니요. 아닌데요.

누수(漏水)도 없던데요.

아! 네
저희 부부가
두 달 동안 대중사우나탕에

안 가고 집에서 했어요.

그랬군요. 알겠습니다.

거리두기

코로나19에 기죽은 시민들
산책할 때 마스크는 필수

스스로 자가 격리하던 사람들
진종일 집구석에 틀어박혀 있자니
운동을 하고 싶어 발광을 하네.

43만7천 평 올림픽공원은
길이 나서 사람이 다니는 길 있고
산등성이에도 길모퉁이에도
사람이 다녀서 새로 생긴 길 있네.
이 길이 사회적 거리두기 길.....

이팝나무 꽃도 지고
복사꽃 흐드러지던 계절도 지났건만
새로 만들어진 그 길은 아직도 벌거숭이

사람의 사기도

짓밟으면 꿈을 이루지 못하듯이
잡초도 짓밟히니 피어나지 못하네.

우한 폐렴

중국아! 잘 들어라.
너희가 그리스도인을 핍박하고
성경책을 불태우며 탄압하더니

어찌 네가 하느님께서 명하신
성경 말씀을 알 리가 있겠냐?

진작부터 하느님이 말씀하시기를
정결한 새와 날짐승들은
어떤 것이든 먹어도 되지만

이것만은
{독수리, 까마귀, 타조, 올빼미,
갈매기, 백조, 박쥐, 황새, 백로}
결코 먹어서는 안 된다고
신명기 14장 11~19절을 통해
알려주지 않았더냐.

그런데도 너희는 이 명을 어기고
박쥐를 보약처럼 먹지 않았더냐.

그로 인해 인류의 일상은 무너졌고
모든 사람이 집에서 두문불출하니
코로나19 확진 자는 아니지만
체중이 확 찐 자가 되었다.

뿌린 대로 거둔다

인간은 다른 동물과 달리
마음을 주고받습니다.

용서의 마음
사랑의 마음
배려의 마음
증오의 마음
과욕의 마음
애증의 마음
복수의 마음

이것이 오랫동안
서로 엉켜서 쉽게 풀리지 않다가
참 신기하게도
언젠가는 그 마음의 주인에게
뿌린 대로 각각 되찾아 갑니다.

좋은 마음은 좋은 마음대로

나쁜 마음은 나쁜 마음대로

베푼 마음은 베푼 대로
인색한 마음은 인색한 대로
그에게 다시 되돌아갑니다.

헛되다 (3)

가진 것이 많으면
신경 쓸 일이 많아져서 헛되고
예기치 않은 때에
예기치 못한 일이 닥치니 헛되다.

지혜도 사람을 보호하고
돈도 사람을 보호하지만
애써 수고하여 얻은 돈을
죽어서 가져가지 못하니
사람이 해 아래서
모든 것이 헛되고 헛되다.

물질 추구는 결국 헛되니
자기 일에서 즐거움을 얻는 것
이보다 더 나은 것이 없으니

청년들아!
젊을 때 자기 일에서 즐거워하고

젊은 시절의 때를
마음껏 기뻐하여라.

사랑이란 (2)

어떤 사람이 내게 대뜸
'사랑이란 무엇인가요?' 묻는다면,
너무 광범위하고 신기하여
딱히 뭐라고 단도직입적으로
일목요연하게 설명하지 못하겠습니다.

대상에 따라서 깊이와 넓이와
높이와 크기가 달라서……
그냥 저는 이렇게 말하겠습니다.
'자신이 직접 체험해보시라'고…….

라파데르 도 "다른 사람으로부터
사랑을 받지 못하는 사람은
다른 사람을 사랑하지 않는다."
라는 말을 했습니다.
만약에
누군가에게 사랑을 받고 싶다면
그 상대를 소중히 여기고 먼저

그를 사랑하라고 말하겠습니다.

누구나 불지 않는 바람을
바람이라고 하지 않는 것처럼
상대자가 바람이 이는 것을
살갗으로 느낄 수 있도록
진솔한 표현을 보내야 합니다.

맹목적인 사랑은 모두가
허구이고 환상에 지나지 않습니다.

위로의 말

열망하며 살아가는 삶보다는
한결같은 삶이 더 보기에 좋습니다.

그렇지만 인생을 살다보면
일이 잘 풀릴 때도 있겠지만

마치 올무에 걸려든 것처럼
일이 잘 풀리지 않을 때도 있고

수술 후 누워서 사경을 헤매고
있을 때도 있습니다.

그럴 때 위로하는 한 마디의 말은
실핏줄까지 온기를 느끼게 하고
바위틈에서 솟아나는 샘물처럼
마음이 명경지수와 같이 맑아지고
아랫목처럼 따뜻해져서 안정을 찾고
새 사람으로 거듭날 수 있습니다.

온정은
먼 거리에 있는 것이 아니라
우리 주변에 가까이 있고
사소한 곳에도 있습니다.

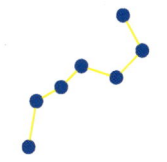

마음이 통하면

사람과 사람 사이는
유형적인 것이 아니라 무형적이고
거리가 아니라 마음입니다.

가까이 있어도 마음이 없으면
먼 사람이고
아주 멀리 있어도 서로 마음이
통하면 가까운 사람이 됩니다.

틈을 내어
역병이 돌고 있는데 괜찮은지
실직자에게 살기가 어떤지?
견딜만한지? 안부를 묻는 사람은

동정심이 풍부한 사람이고 몸에
따뜻한 피가 흐르는 사람입니다.

힘들어 할 때 관심을 나타내면
그 한마디가 보약이 되고
그에게 큰 힘이 될 수 있습니다.

황혼에 우는 새

사진작가들도
아침노을 사진인지
저녁노을 사진인지
구분하기 어려워하듯

황혼에 멀리 서있는 것이
개인지 늑대인지 실루엣을
구분하기 어렵겠지만

무섬증에 시달려 잠을 못 자도
만사 제쳐두고 산간벽지에 가서
여남은 날 동안 황혼을 만끽하고 싶다.

가서,
황혼에 우는 소쩍새의 울음소리도
다시 한 번 들어보고,
황혼부터 밤새워 울어대는 개구리
울음소리도 다시 한 번 듣고 싶다

황혼에 웃는 새 쿠우카부라 * 도 불러놓고
웃음에 인색했던 지난 세월을 회상하며
실컷 박장대소하고 싶다.

* 쿠우카부라는 오스트레일리아에 사는 웃는 새

3.

황혼이 이래서야

시간에 대하여 · 세상 이치 (1) · 세상 이치 (2)
이별에 대하여 · 한정된 시간 · 이혼에 대하여
황혼이 이래서야 · 부부간에 다른 점 · 지병(持病)
괴로움 · 서귀포에서 · 시한폭탄 · 병자랑은 금물이라니
소중한 당신 · 이는 누구입니까 · 자유와 평화를
마음을 다스리지 못한 자 · 제게 이렇게 · 혼자한 기도
두 번째 하는 기도 · 귀 찮으냐 · 세 번째 하는 기도

시간에 대하여

흔히 시간은 돈이라고 합니다.
이 시간은 빠르게 흐르는 큰 강물과 같아서
붙잡아둘 수 없는 엄청난 힘을 가진
일종의 무형재산입니다.

이 시간은 돈과 직결되어 있어서
어떤 사람이 훌륭한 특성을 갖추었다 해도
시간관념이 없으면 상대하기를 꺼려합니다.

어떤 조직체에서 시간을 잘 지키는 사람은
신뢰할만하고 부지런한 사람으로 여기지만
지각하는 사람은 예의 없고 불량해 보입니다.

시간은 현금과 같아서 뭐든지 할 수 있습니다.
그러나 시간은 지금도 계속 흘러가고 있으며
지나간 시간은 다시는 영영 돌아오지 않습니다.

이 시간은 누구에게나 공평하게 주어졌지만

성공한 사람들은 시간이 적다고 말하고
실패한 사람들은 시간이 많다고 말합니다.

시간을 소홀히 여기는 사람은 장래가 없고
시간을 소중히 여긴 사람은 장래가 있습니다.

세상 이치 (1)

바람은 불어도 형체가 없고

거지는 가족이 없으니 생일이 없고

지나치게 맑은 물에는 고기가 없고

종달새는 진종일 울어도 눈물이 없고

꽃은 피울 때 언제나 소리가 없고

실직자는 기다려도 봉급날이 없고

방탕에 빠진 사람은 희망이 없고

참회하는 자에겐 두려움이 없고

열심히 일하는 사람은 밤과 낮이 없고

사랑은 불태워도 연기가 없고

게으른 사람에겐 언제나 돌아오는 것이
없습니다.

세상 이치 (2)

불량품을 생산하면 반품이 들어오고

올바른 평론가는 초청이 들어오고

남을 헐뜯는 사람은 보복이 들어오고

웃는 얼굴에는 복이 들어오고

문을 열면 햇볕이 쏟아져 들어오고

일을 하면 통장에 돈이 들어오고

스위치를 켜면 전원이 들어오고

신용이 좋으면 주문이 들어오고

술을 많이 마시면 취해서 들어오고

나누고 베푼 사람에겐 축복이 들어오고

미혼 남녀에게는 청혼이 들어오고

밭에 씨를 뿌린 사람은
씨를 뿌린 만큼만 곡식이 들어옵니다.

이별에 대하여

이별 뒤엔 항상 아픔이 있습니다.
한 평생을 살다보면
가족 간에 혹은 연인 간에
헤어져야 할 때가 있습니다.
이것을 이별이라 하지요.

가족들 간에 헤어질 때는
영원히 헤어지는 것도 아니지만
가슴이 아프고 눈물이 납니다.

그리고 헤어질 때엔
훈계를 하고 격려를 하고 경고를
하면서 껴안고 키스를 하며
일정한 곳까지 배웅을 합니다.

하지만
연인 간에 헤어짐은 다릅니다.
상대방의 결점이 드러나면

사랑이 식어지기 시작하고
그 본성을 드러낼 수 있습니다.

그리고 남자는 헤어진 후
챙겨주던 이가 없어 허전해하지만
자유를 얻은 기분으로 후련해 합니다.

하지만 여자는 헤어진 후
대개 억장이 무너지고 남자가 돌아오길
기다리는 경우가 많습니다.

한정된 시간

시간을 白駒過隙(백구과극)이라 하여
[백마가 달리는 모습을 문틈으로 보듯이
세월이 삽시간에 지나간다.]고 하였지요.
이 시간은 누구에게나 공히 주어져서

이 시간을
어떤 마음 자세로 대하느냐에 따라
삶에 의미가 달라집니다.

젊은 시절엔 세월이 꽤 길게 느껴지고
나이가 들면 세월이 쏜살같이 지나갑니다.

평범한 사람들은 주어진 시간을
어떻게 소비할 것인가에 치중하고

현명한 사람들은 주어진 시간을
어떻게 사용할 것인가에 중점을 둡니다.

하지만 각종 부류의 사람들이
이런 저런 삶을 살고 나서
주어진 시간에 대하여 후회한다면
그것은 자신을 변명하는 것입니다.

이혼에 대하여

예삿일이 되어버린 이혼은
주로 불미스러운데서 발생합니다.

기성세대가 생각 없이 하는 이혼은
가정과 사회를 무너지게 함으로 용서가
절실히 요구됩니다.
설사(設使),
아내가 자신을 무시했다 하여
남편이 자신을 외면했다 하여
배우자가 부도덕했다 하여
속전속결로 그 끝을 본다면……

가정은 기어코 파탄 나고
피해자가 생기게 마련입니다.

배우자 중 한 사람은
분노와 배신과 두려움과 절망과 후회와
수치심을 극복하기가 어렵게 되고

버림받았다는 느낌으로 살아야 합니다.

자식에게는
하늘이 무너진 듯 사기가 떨어지고
평생 불행하게 살아야 한다는 상실감으로
심지어 복수심이 생길 수도 있고
가출하거나 말이 거칠어질 수 있습니다.

이혼하기 전에 반드시 고려할 점은
이혼을 해서 내가 무엇을 얻을 수 있는지?
이혼이 더 나은 삶이 시작될 것인지?
심혈을 기울여 꼼꼼히 챙겨보아야 합니다.

황혼이 이래서야

사람에 따라서 황혼을
해가 막 져서 어둑어둑할 때라고 말하고
낮도 아니고 밤도 아닌 때라고 말하고
별이 보이기 시작하는 때라고 말한다.

어쨌든 위 시간대는
누워서 밤잠을 잘 시간도 아니고
일 할 때도 아니어서 긴 시간을
그냥 손 놓고 놀 수밖에 없는 때이다.

이런 시기를 황혼기라고 한다.
시간은 많고 할 일이 없는 사람들은
이 틈을 타서 유행처럼 이혼을 한다.

이혼사유란 고작, 성격차이, 외도,
쌓인 상처를 참지 못해서 하는 짓
자식이 대학시험을 마쳤다고
자녀의 결혼식을 마쳤다고
남편이 정년퇴직을 했다고

황금이혼이 독버섯처럼 번진다.

황혼기는 점점 일그러져가는 몸을
샘물처럼 차오를 수 있도록
잘 가다듬어야 할 나이인데……

부모가 이혼하는 산교육을 시키면
자식은 부모로부터 배운 것을
그대로 따라할 수밖에 없겠죠.

황혼을 살아가는 여러분들이여!!
이렇게 해야만 속이 시원하고
직성이 확 풀리시던가요?

핑계를 내세워 함부로 이혼하고
들판을 떠도는 하이에나처럼
남은여생을 신기루같이 살려 하지 마시오.
제발 그러시지 마시오.

부부간에 다른 점

우리 부부는 뭐든지 서로 다르다.
아내는 된밥을 좋아하고, 나는 진밥을 좋아한다.
아내는 매운 날김치를 좋아하고, 나는 안 매운
　　　숙성된 신 김치를 좋아한다.

나는 커피를 좋아하고, 아내는 커피를 싫어한다.
나는 밀가루 음식을 좋아하고, 아내는 싫어한다.
나는 손님이 오면 좋아하고, 아내는 그렇지 않다.
나는 남에게 베풀고 싶지만, 아내는 그렇지 않다.

아내는 초저녁잠이 많고, 나는 새벽잠이 많다.
아내는 흰머리가 전혀 없고, 나는 백발이다.
아내는 큰 무대에서 노래를 하고 싶어 하고,
　　　나는 음치 중에 음치이다.
아내는 골프를 좋아하고, 나는 마지못해서 한다.
아내는 음주를 하지만 나는 음주를 하지 못한다.

우리는 공통점이라곤 찾아 볼 수가 없다.

남들은 그래 가지고 어떻게 사느냐고 말하지만
우리는 서로 존칭어를 쓰며, 출근을 할 때는
스킨십을 빼놓을 수가 없고, 매우 행복하다.

지병(持病)

이제 꿈을 꾸는 일은 끝내고
허튼 꿈으로 시달리지 않기로 했다.

활기 넘치던 생기도 가당찮아
느슨해지기로 했다

하루하루를 지내는 것이
요술 같아서 누구에게도
곧이곧대로 토설하지도 않기로 했다.

각 대학병원 교수들은
자기 피(수혈)로 개복수술을 하면
백세 시대를 멋지고 활기차게
살 수 있다고 종용한다.

하지만 가족들과 난만상의하여
기존의 스탠트를 재보수하기로 했다

근데,
작은 옷은 보수하여 입어도 되겠지만
복부 대동맥류도 그리 될 수 있을까
도중에 터지지는 않을까
자다가도 문득문득 눈이 뜨인다.

수혈만 아니면 이렇게
진저리를 치지 않을 것을……

괴로움

이 밤도 홀로 백척간두에 서서
그토록 불러보는 당신의 이름
불러 봐도 물어 봐도
그냥 듣고만 계실뿐

당신께선 어찌하여 저더러
과녁을 찾아서 쏘라는 겁니까.

성의가 없어서
숫자가 적어서
그러십니까.

그렇다면 어느 날에
울력하여 함성을 질러야만 합니까
야속한 이 밤 안타까워라

까맣게 타버린 가슴을 여미고
지금 약도 없이 낙원으로 가고 싶다.

서귀포에서

공항의 새벽바람은 차다
내친김에 공항대합실에서
우거지 탕을 먹었더니
하늘 높이 날아도 거기서 거기

사람들 앞에서
기죽지 않으려고 옷매무시하고
어렵사리 서귀포에 왔건만
동짓달에 무슨 비가 오려는지
하늘마저 끄느름하다

날씨 탓인지 분위기 때문인지
수술을 앞두고 걸핏하면 앵돌아서서
아내가 눈물을 흘리고 소스라치네.
야속한 희망 하나 버리지 못하고……

여보, 너무 심려하지 말아요.
이제 우리 조바심 버리고

그 분만을 신뢰하면서 살아가요.
지나간 날들을 회오하면서……

되레 환자가 손을 잡고 위안을 하네.

시한폭탄

의사들은 복부대동맥류를
자연산 시한폭탄이라 칭한다.

주님! 제 뱃속의
시한폭탄은 언제 이럽니까?
제 숨이
언제 어디서 거두게 됩니까?

국내에서 거두게 될지
외국에서 거두게 될지
집에서 거두게 될지
밖에서 거두게 될지
낮에 거두게 될지
밤에 거두게 될지

언젠가 이것이 내게
현실로 나타나겠지만……

자꾸자꾸 저는
살아갈 남은 세월에 애착이 갑니다.

병자랑은 금물이라니

언제부터인가
눈꺼풀은 끌어당기고
날이 갈수록 힘이 부치기 시작하는데

아내는
남들에게 병 자랑 하지를 말고
몸속에 지병이 있음을 내색도
하지 말라고 이른다.
남들이 나를 무시할 수 있다고……

시간은 기다려주지 않는데
얼마나 부귀영화를 누리겠다고
얼마나 많은 세월을 살겠다고
숨기며 아등바등 살아가란 말인가

같은 병 가진 사람 만나
서로 대화를 나누면서
손 내밀어 서로 위로하고
보듬으며 살아가고 싶은데……

소중한 당신

목마르다고 해서 당장
숨넘어가는 건 아니지만
물 컵을 챙겨주는
당신이 있어 고맙습니다.

약을 제때에 챙겨먹지 못한다고
당장 숨넘어가는 건 아니지만
나무라는 당신이 고맙습니다.

책상머리에 앉아 공부만 한다고
당장 쓰러지는 건 아니지만
짜증을 내는 당신이 고맙습니다.

새벽에 걷기운동을 안한다고
금방 죽는 건 아니지만
신경질 내는 당신이 고맙습니다.

지금 내게는 당신이 있고

당신에겐 내가 있어 행복하지만

내가 이때껏 살면서
공기의 소중함을 모르고 살았던 것처럼
당신의 소중함을 모르고 살았습니다.
이젠 조금씩 알아가고 있습니다.

이는 누구입니까

비가 오나 눈이오나
저 넓고 광활한 밭에서
가방을 메고 즐겁게 일하는
이는 누구입니까

남을 속일 줄도 모르고
거짓말 할 줄도 모르고
자랑할 줄도 원망할 줄도 모르는
그들은 도대체 누구입니까

아무도 봐주지 않아도
혼자 묶고 혼자 일하며
혼자 찬미의 노래를 부르는
이 파수꾼은 누구입니까

듣는 이가 없어도 냉대를 받아도
그저 미소 지으며 장래를 증거 하는
이들은 도대체 누구란 말입니까

자유와 평화를

이 땅에 새로운 해와 달과 별을 주시어
온 세상이 새로워졌음을 느끼게 하시고

이 땅에 확산되는 급성전염병을 근절하시어
온 누리가 새로워졌음을 느끼게 하시고

이 땅에 전쟁과 내전과 테러를 없애시어
온 인류가 평화와 안전을 느끼게 하시고

이 땅에서 일어나는 인종차별을 없애시어
공의가 이루어졌음을 느끼게 하소서

그리하시고 온 인류가
공허한 마음 우울한 마음 모두 잊고
새로운 해 아래서 진정한 자유를 즐기면서
악보에 맞춰 노래하고 윤무를 추게 하소서

마음을 다스리지 못한 자

알렉산더 대왕은
술에 취해 해롱거리는 부하에게
홧김에 옆에 있던 창을 던진 것이

다른 사람의 가슴에 정확히 꽂혀
군중들 앞에서 한 장군이 절명했다.

날아간 창에 맞아
그 자리에서 죽은 사람은
그가 가장 신임하는 친구
클레토스 장군이었다.

알렉산더는 그 후로 날이면 날마다
후회하고 몹시 괴로워하면서

"나는 세계를 정복했지만
 나 자신을 정복하지 못하였구나."
라고 탄식을 했다.

알렉산더가 자기 자신을 다스리지 못해
후회한 점을 솔로몬은 이렇게 기록하였다.

▶ [화내기를 더디 하는 자가 용사보다 낫고,
   자기를 제어하는 자가 도시를 정복하는 자보다 낫다.] _잠언 16:32.

▶ [통찰력이 있는 사람은 화내기를 더디 하고,
   잘못을 지나쳐 주는 것은 그의 아름다움이다.] _잠언 19:11.

제게 이렇게

불공정을 탄식하는 사람들

합당한 성향을 지닌 사람들

임시로 거주하는 사람들

비관적인 견해를 지닌 사람들

병들고 신음하는 사람들

진리를 찾으려는 사람들

한숨짓고 의에 굶주린 사람들

영적필요를 의식하는 사람들,

이들에게 당신의 사자(使者)가 되어
주어진 임무를 수행케 해 주십시오,

혼자한 기도

이 세상 사람들이
부와 명예와 쾌락을
열렬히 추구하며 살아갈 뿐
참된 소망 없이 살고 있습니다.

이들을 긍휼히 여기시고
이들이 소망을 품고
살아가게 하여 주십시오,

부(富)의 기만적인 힘만
의존하고 살아가는 자들을
진리로 하여금 기뻐 외치는
그런 자들이 되게 하여 주십시오.

법령으로 괴롭힐 궁리를 하는 자들과
역경을 조장하는 자를 순화시켜 주시고

자신의 유익을 반드시 관철시키려고

목청을 높이고 떼를 쓰는 자들도
잠잠하게 하여 주십시오.

종교적으로 분열된 가정에서
압력과 시련을 겪는 자들에게
계속 진리를 추구하도록 하시고
그들이 다시
당신의 파수꾼이 되게 하여 주십시오.

두 번째 하는 기도

당신께서 정하신 때가 가까워졌습니다.
이제는
말 못하는 사람이 노래를 하고
눈먼 사람은 앞을 보게 하시어
당신의 왕국을 보게 하여주십시오.

그리고
모든 피조물들에게
당신의 공의와 사랑을 알게 하여주시고
설령, 그들이
과거에 죄지은 악인이었다 하더라도
잘못을 뉘우치고 회개하면
조건 없이 용서하여 주십시오.

영적으로 병든 사람에게는 진리를
육체적으로 병든 사람에게는 건강을
귀먹은 사람에게는 듣는 능력을 주시어

이들이 한정 없는 때까지
당신의 능력을 찬미하게 하시고
왕국을 상속받게 하여 주십시오.

귀찮으냐

손주들이 이상한 버릇을 갖고 있다.
세 살부터 대학생이 되도록 하는 버릇

남들이 있으나 없으나, 많으나 적으나
거리에서나 집에서나 실내에서나
잘 길들여져서 절로 하는 스킨십

그러나 손주들은 자신의 버릇을 모른다.
"세살 적 버릇이 여든까지 간다." 했는데
나로서는 그리됐으면 엄청나게 좋겠다.
귀찮으냐! 귀찮으냐!
아니요. 할아버지!
매년 반복된다.

딸과 아내한테는 부담감이 없지만
장골 한 손주에게 귀찮게 하는 것 같아
이따금 미안한 생각이 든다.
나의 과도한 욕심으로

내 욕구만 충족시키는 것 같아서...

며느리들과 사위하고도 스킨십을
하면 좋으련만 한국에선
왜 이리 신경이 쓰이는지 모르겠다.

세 번째 하는 기도

주여!
제 눈이 어두워지는 건 어쩔 수 없지만
한숨짓고 신음하는 소리를 들을 수 있도록
제 귀만은 귀먹지 않도록 하여 주십시오.

제 기억력이 흐려지는 것도 어쩔 수 없지만
제게 선의를 베푼 자들을 잊지 않게 하시고
해를 입힌 자들은 속히 잊게 하여 주십시오

제가 남들보다 덜 가진 것에 대해
불평하는 자가 되지 않게 하여주시고
제게 주어진 것만으로 감사하게 여기는
백성이 되게 하여 주십시오.

제게 박해와 시련과 압력을 가한 자들을
유념해 두지 않게 하여주시고 그들에게
앙갚음을 하지 않게 하여 주십시오.

제가 권력을 가진 편에 서고
가진 것이 많은 사람의 편에 서서
거짓에 양심을 팔지 않게 하여주시고
제가 잃은 것이 있을 경우에는
침묵할 수 있게 하여 주십시오

제가 선하고 건전한 정신을 나타내어
만 명에게 찬사를 받은 것보다
한 사람에게라도 비평을 받지 않는
그런 사람이 되게 하여 주십시오,

꿈꾸는 자는 외롭지 않다
ⓒ 김문구 Printed in Seoul
2020년 07월 2일 초판 발행

지은이 | 김문구
발행인 | 박찬우
편집인 | 우 현
펴낸곳 | 파랑새미디어

등록번호 | 제313-2006-000085호
서울특별시 마포구 서교동 357-1 서교프라자 318
전화 | 02-333-8311
팩스 | 02-333-8326
메일 | adam3838@naver.com

가격 12,000원
ISBN 979-11-5721-131-9 03810